BEI GRIN MACHT SICH IH
WISSEN BEZAHLT

Martin Schädler

Offene Systeme und Standardisierung im Internet

Fallstudie zur Vorlesung e-Commerce

GRIN Verlag

Bibliografische Information der Deutschen Nationalbibliothek:

Die Deutsche Bibliothek verzeichnet diese Publikation in der Deutschen National-
bibliografie; detaillierte bibliografische Daten sind im Internet über http://dnb.d-
nb.de/ abrufbar.

Impressum:

Copyright © 2004 GRIN Verlag GmbH
Druck und Bindung: Books on Demand GmbH, Norderstedt Germany
ISBN: 978-3-640-82711-4

Dieses Buch bei GRIN:

http://www.grin.com/de/e-book/33178/offene-systeme-und-standardisierung-im-
internet

GRIN - Your knowledge has value

Der GRIN Verlag publiziert seit 1998 wissenschaftliche Arbeiten von Studenten, Hochschullehrern und anderen Akademikern als eBook und gedrucktes Buch. Die Verlagswebsite www.grin.com ist die ideale Plattform zur Veröffentlichung von Hausarbeiten, Abschlussarbeiten, wissenschaftlichen Aufsätzen, Dissertationen und Fachbüchern.

Besuchen Sie uns im Internet:

http://www.grin.com/

http://www.facebook.com/grincom

http://www.twitter.com/grin_com

Offene Systeme und Standardisierung im Internet

Fallstudie zur Vorlesung e-Commerce

Autor: Martin Schaedler

Abgabedatum: 04. Dez. 2003

Inhalt

Abkürzungsverzeichnis

AG	Aktiengesellschaft
BSD	Berkeley Software Design License
bspw.	beispielsweise
CEN	Comité Europeén de Normalisatio
DIN	Deutsches Institut für Normung
DOM	Document Object Model
DTD	Document Type Definitions
EANCOM	European Article Number for Commerce
eCommerce	Electronic Commerce
EDI	Electronic Data Interchange
EDIFACT	Electronic Data Interchange for Administration, Commerce and Transport
eMail	electronic Mail
FTP	File Transfer Protocol
GPL	General Public License
HTML	HyperText Markup Language
HTTP	Hypertext Transport Protocol
i.d.R.	in der Regel
IAB	Internet Architecture Board
IDOC	Intermediate Documents
IESG	Internet Engineering Steering Group
IETF	Internet Engineering Task Force
IP	Internet Protocol
ISO	International Organization for Standardization -
ISOC	Internet Society
IT	Informationstechnologie
IuK	Informations- und Kommunikationstechnologie
LAMP	Linux-Apache-mySQL-PHP
LGPL	Library / Lesser General Public License
MS	Microsoft
o.a.	oder andere
OASIS	Organization for the Advancement of Structured Information Standards
OS	Open Source
PHP	Personal HomePage
SAP	Systeme, Anwendungen, Produkte in der Datenverarbeitung
SEDAS	Standardregelung Einheitlicher Daten-Austausch-Systeme
UN / CEFACT	United Nations / Centre for Trade Facilitation and Electronic Business
URL	Uniform Ressource Locator
W3C	World Wide Web Consortiums
WWW	World Wide Web
XML	eXtensible Markup Language
z.B.	zum Beispiel

1 Fragestellung

Im Rahmen von IT-Projekten stehen Entscheider häufig vor der grundsätzlichen Fragestellung, ob Software fremdbezogen oder eigenentwickelt werden soll. Diese Entscheidung muss nicht notwendigerweise eine klassische „Make or Buy" Entscheidung sein, denn über das Internet sind eine Vielzahl von Softwareprodukten im Rahmen von Open Source (OS) Projekten kostenfrei zu beziehen.

Entscheidet man sich für den Einsatz von OS Software, stellt sich häufig die Frage der Integration in bestehende bzw. im Aufbau befindliche Informations- und Kommunikationstechnologien (IuK).

Die vorliegende Fallstudie erläutert am Beispiel der im Kurs referenzierten Impuls-Schuh-AG Entwicklungsprozess, Qualitätssicherung und konkrete Einsatzmöglichkeiten von OS Software. Darüber hinaus wird aufgezeigt, wie mittels Normen und Standards die Kompatibilität der Komponenten gewährleistet wird, welche Organisationen dafür zuständig sind und wo sich konkrete Auswirkungen für das IT-Projekt der Impuls-Schuh-AG ergeben können.

2 Open Source Software

Die Geschichte der OS Bewegung reicht bis in die Anfänge der 70er Jahre zurück, doch erst 1998 wurde OS als Markenzeichen definiert und offiziell eingetragen.[1] OS Software ist, wie der Name bereits vermuten lässt, Software, deren Quellcode öffentlich verfügbar ist. Doch „Open source doesn't just mean access to the source code."[2] Insgesamt verlangt die Open Source Initiative die Erfüllung einer Reihe von weiteren Anforderungen bzgl. Modifikations- und Distributionsrechten, die eine stetige Weiterentwicklung und rasche Verbreitung der Software garantieren sollen.[3]

OS Software ist zwar eine kostenfrei verfügbare Software, unterliegt aber im Gegensatz zu Public Domain Software Lizenzbedingungen. Grundsätzlich lassen sich drei Arten von OS Lizenzmodellen unterscheiden.

---

[1] vgl. für Details [OSD2003a]
[2] [OSD1997]
[3] vgl. Anhang 2: Anforderungen an Open Source Software

6

Die General Public License (GPL)[4] ist das OS Lizenzmodell schlechthin. Oberstes Ziel dieser Lizenz ist die Sicherstellung des Fortbestehens der OS Software indem sie alle Einschränkungen bezüglich Weitergabe und Nutzung untersagt. GPL Software kann folglich nicht gemeinsam mit proprietärer Software, für die Lizenzeinschränkungen gelten, vertrieben werden, was eine kommerzielle Nutzung nahezu unmöglich macht.

Eine Library / Lesser General Public License (LGPL) [5] ist ausschließlich auf Softwarebibliotheken (eng: libraries) anwendbar und beinhaltet weniger (eng. lesser) Beschränkungen bezüglich der kommerziellen Nutzung, indem es die Distribution der Software-Bibliotheken in Zusammenhang mit proprietärer Software erlaubt.

Das älteste und mitunter liberalste Lizenzmodell ist die Berkeley Software Design License (BSD),[6] die auch eine freie, kommerzielle Verwendung der Software ermöglicht. Jede Weiterentwicklung muss lediglich den Copyright Hinweis des ursprünglichen Entwicklers beinhalten. Durch die freie, kommerzielle Nutzbarkeit besteht jedoch die permanente Gefahr, dass Weiterentwicklungen als Closed Source Software (s. unten) kommerzialisiert werden.

Will sich die Impuls-Schuh-AG bestimmte, kommerzielle Verwertungsrechte für OS Software basierte Entwicklungen sichern, sollten nur Komponenten verwendet werden, die unter der BSD bzw. LGPL Lizenz stehen. Alternativ kann gleich auf Public Domain Software zurückgegriffen werden, die keinerlei Lizenzeinschränkungen unterliegt.

Zu unterscheiden ist OS Software von Closed Source Software und Shared Source Software. Erstere wird meist von einer kommerziellen Entwicklergruppe oder einem Unternehmen entwickelt, das den Source Code nicht veröffentlicht, um das geistige Eigentum zu sichern. Shared Source Software ist die Antwort des Softwaregiganten Microsoft (MS) auf die Open Source Bewegung. Im Grundsatz regelt der Shared Source Ansatz[7] den genehmigungspflichtigen Zugang zu MS Quellcodes, insbesondere der Windows Plattform. Die Modifikation oder das Kopieren des Codes ist jedoch untersagt. Mit dieser Maßnahme will Microsoft v.a. Gerüchten entgegen treten, nach denen Windows durch ein sog. Backdoor unautorisiert

[4] [OSD2003d]
[5] [OSD2003e]
[6] [OSD2003f]
[7] vgl. [MSSS2003]

persönliche Daten an einen Microsoft Server kommuniziert. Mit den Zielen der OS Bewegung hat dies wenig zu tun. Unabhängig davon gibt Microsoft nach eigenen Angaben seit vielen Jahren Quellcodes zu Forschungszwecken an akademische Einrichtungen weiter.[8]

3.0 Entwicklungsprozess

Konventionelle Methoden und Vorgehensmodelle der Softwareentwicklung[9] sind auf OS Projekte nicht oder nur eingeschränkt anwendbar. Bei der Vielzahl der aktuellen Projekte[10] dürfte kaum ein Entwicklungsprozess dem anderen gleichen. Dennoch lassen sich grundsätzliche Strömungen unterscheiden. Am Beispiel des erfolgreichen Open Source Projektes fetchmail stellt Eric S. Raymond Unterschiede der von ihm diagnostizierten Entwicklungsmodelle dar: [11]

Die Kathedrale: Dieses Modell wird häufig im kommerziellen Umfeld eingesetzt. Ähnlich dem mittelalterlichen Kathedralenbau arbeitet eine kleine, geschlossene Gruppe zentralistisch und nahezu isoliert an der Software und entscheidet autonom über Weiterentwicklung und Implementierung. Die Distribution von Zwischenreleases zu Test- und Reviewzwecken ist i.d.R. nicht vorgesehen.

Der Bazar: Bei diesem netzwerkähnlichen Modell kann theoretisch jeder mitarbeiten, der sich dazu berufen und in der Lage fühlt. Der Entwicklungsprozess folgt dem Paradigma „release early, release often". Im Vergleich zum Kathedralen Modell sieht Raymond hier den Vorteil einer beschleunigten Weiterentwicklung und gesteigerten Qualität durch stetige Tests und Reviews einer Vielzahl von Programmierern und Testpersonen. Dadurch lassen sich die eigentlichen Vorteile eines Open Source Projekts kapitalisieren.

Dies mag insofern erstaunen, als dass man annehmen könnte, dass ab einem bestimmten Komplexitätsgrad eine zentrale Instanz notwendig sei, die das Gesamtprojekt koordiniert und klare Entscheidungsstrukturen besitzt. Das Bazar Modell hat sich jedoch mittlerweile selbst in großen Open Source Projekten, z.B. der Entwicklung des Betriebssystems Linux, des Webservers Apache oder dem zzt. größten Open Source Projekt K Desktop Environment, bewiesen. Selbst Microsoft

---

[8] vgl. [Krem2002]
[9] vgl. [Stah2002], S. 218ff
[10] vgl. für eine Übersicht http://www.opensource.org/licenses/
[11] vgl. [Raym1999]

gibt in einem an die Öffentlichkeit gelangten internen Strategiepapier zu, „that commercial quality can be achieved / exceeded by OS Software projects".[12]

4.0 Qualitätssicherung

Für den kommerziellen Einsatz ist insbesondere die Qualität der Software entscheidend. Dazu werden i.d.R. produktbezogene Qualitätsmerkmale wie Funktionalität, Zuverlässigkeit, Benutzbarkeit, Effizienz, Änderbarkeit, Übertragbarkeit.[13] und prozessbezogene Merkmale herangezogen. Darüber hinaus setzt sich mehr und mehr die Wahrnehmung durch, dass „eine wirksame Qualitätssicherung nur durch [...] ein umfassendes („totales") Qualitätsmanagement zu erreichen ist."[14]

Diese produkt- und prozessbezogenen Qualitätsmerkmale werden in konventionellen Softwareentwicklungsprojekten beispielsweise durch Verwendung eines geeigneten Vorgehensmodells einschließlich Testprozeduren gegen Ende des Entwicklungsprozesses sichergestellt. Wenn im Rahmen von Anwendertests Fehler oder Abweichungen von der Spezifikation entdeckt werden, versucht der Entwickler diese zu reproduzieren und zu beheben. Raymond sieht hierin das Grundproblem konventioneller Softwareentwicklungsprojekte: "Underlying problem here is a mismatch between the tester's and the developer's mental models of the program."[15] Dies führt häufig zu Missverständnissen zwischen Anwendern und Programmierern, die eine effiziente Zusammenarbeit und Fehlerbeseitigung erschweren.

Bei OS Projekten hingegen werden Fehler und Abweichungen als „triviale Phänomene", sozusagen unumgängliche Begleiterscheinungen des Entwicklungsprozesses, betrachtet.[16] Durch ein umfassendes Netzwerk von Softwareentwicklern und Anwendern mit unterschiedlichen Kompetenzen, welche die Software kontinuierlich weiterentwickeln sowie stetigen, entwicklungsbegleitenden Tests unterziehen, können diese Fehler relativ schnell identifiziert und behoben werden.

Die Qualitätskontrolle in einem solchen heterogenen Netzwerk führt letztendlich zu einen mindestens genauso hohen Qualitätsniveau, wie konventionelle Softwareentwicklungsprozesse. Raymond geht sogar davon aus, dass die Qualitätssicherung in OS Projekten deutlich effizienter und effektiver gelöst wird, da sowohl Tester, als

---

[12] [OSD2003c]
[13] vgl. [Stah2002], S. 314
[14] vgl. [Stah2002], S. 318
[15] [Raym2000]
[16] vgl. [Baue2003]

auch Entwickler auf Basis des öffentlichen Quellcodes eine gemeinsame Verständigungsbasis finden. „Thus, source-code awareness by both parties greatly enhances both good communication and the synergy between what a beta-tester reports and what the core developer(s) know."[17]

5.0 Einsatzmöglichkeiten bei der Impuls-Schuh-AG

Jahrelang galt OS Software als Spielwiese für Freaks und Hobbyentwickler. Der heute in vielen OS Projekten erreichte, zuvor beschriebene, hohe Qualitätsstandard macht OS Software zunehmend für den Einsatz im professionellen Umfeld interessant. Bei einer Umfrage des CIO Magazins erklärten 54% der befragten IT-Manager, dass OS Software innerhalb der nächsten fünf Jahre die dominierende Serverplattform in ihrem Unternehmen sein wird. Neben der hohen Qualität von OS Software ist v.a. der Aspekt der Lizenz-, Implementierungs- und Betriebskosten (Total Costs of Ownership) ein schlagendes Argument für ihren Einsatz.[18]

Die Nutzung von OS Software bei der Impuls-Schuh-AG kommt sicherlich in folgenden Bereichen in Betracht,[19] wobei einige Überlegungen und Einschränkungen zu beachten sind:

- Server Betriebssysteme: Linux, quasi die OS Version des Betriebssystems Unix, hat seit Ende der neunziger Jahren seinen Siegeszug im kommerziellen Bereich begonnen und gilt heute als stärkster Mitbewerber und Open Source Alternative zu Unix- und Windows Plattformen. Unter dem Druck des Marktes haben seither nahezu alle renommierten Softwarehersteller begonnen, ihre Anwendungen auf Linux zu portieren, so dass Linux auch bedenkenlos in geschäftskritischen Bereichen der Impuls-Schuh-AG eingesetzt werden kann. Für die Impuls-Schuh-AG empfiehlt sich aufgrund des unterstellten geringen Know-Hows der Kauf einer Linux Distribution, wie z.B. den SuSe LINUX Enterprise Server 8, der neben einer umfassenden Dokumentation, deutscher Übersetzung und Herstellerunterstützung auch viele Zusatzkomponenten, wie z.B. e-Mail Server und Verzeichnisdienste enthält.
- Webserver: Die OS Software Apache ist heute der meistgenutzte Webserver überhaupt und insofern für die Impuls-Schuh-AG mehr als nur eine Alternative zu proprietären Produkten wie Microsofts Internet Information Server (IIS).

---

[17] [Raym2000]
[18] [CIO2003]
[19] Ressourcen s. Anhang 1: Open Source Ressourcen

- Applikationsserver: JBoss ist mit ca. 2 Mio. Downloads alleine in 2002 sicherlich eine der erfolgreichsten OS Software. Eine weitere Alternative zu kommerziellen Produkten von Bea, WebMethods u.a. wäre für die Impuls-Schuh-AG die OS Software Apache Tomcat.

- eMail Server: Die OS Software Sendmail ist heute der am weitesten verbreitete eMail Server und stellt für die Impuls-Schuh-AG die beste Alternative zu proprie- tären Produkten, wie dem Microsoft Exchange Server dar. Sendmail läuft unter Linux.

- Datenbanken: OS Datenbanken wie MySQL oder PostgreSQL genießen zwar aufgrund ihrer einfachen Bedienbarkeit und Geschwindigkeit eine hohe Verbrei- tung, sind aber proprietären Produkten wie Oracle9i oder IBM DB2 bei hohen Performance Anforderungen unterlegen. Wenn die Anforderungen bzgl. des Lastverhaltens nicht zu groß sind, kann der Einsatz von MySQL oder PostgreSQL für die Impuls-Schuh-AG eine empfehlenswerte Alternative darstel- len. Im speziellen Fall könnte jedoch die für SAP Kunden kostenfreie SAP DB, die auch hohen Performanceanforderungen genügt, die beste Lösung sein, allerdings handelt es sich bei der SAP DB nicht um OS Software.

- Desktop Betriebssysteme: Hier stellt Linux in Verbindung mit KDesktop noch keine ernstzunehmende Endbenutzeralternative zu den dominierenden Microsoft Windows Systemen dar. Darüber hinaus sind die marktverbreitenden Microsoft Office Applikationen unter Linux nicht ohne Zusatzsoftware wie z.B. Crossover lauffähig. Inwiefern die Kombination von Linux, Crossover und Microsoft Office professionelle Performance- und Sicherheitsanforderungen erfüllt, ist darüber hinaus nicht abschließend geklärt.

- Office Anwendungen: Bei Office Anwendungen ist es OS Software ebenfalls (noch) nicht gelungen, eine ernstzunehmende Alternative zu proprietären Anwendungen, wie z.B. dem marktbeherrschende MS Office Paket aufzubauen. Eine denkbare Alternative ist das auf dem proprietären StarOffice Paket von Sun basierende, auch für die Windows Plattform verfügbare OpenOffice Paket oder das im Rahmen des KDesktop Projekts entwickelte KOffice Paket. Die Einfüh- rung dieser OS Software bei der Impuls-Schuh-AG dürfte einen nicht zu unter- schätzenden Aufwand für Roll-out, Schulung und Support der Endanwender auslösen, der die Total Costs of Ownership der OS Software erhöht. Der Einsatz muss deshalb im Rahmen einer Kostenvergleichsrechnung evaluiert werden.

- Webbrowser: Neben den proprietären Marktführern MS Internet Explorer und Netscape Navigator bietet die OS Software Mozilla einen mindestens vergleichbaren Funktionsumfang. Mozilla ist für nahezu alle Betriebssysteme (auch Windows) verfügbar und besitzt eine Oberfläche, die den proprietären Windows Browsern stark ähnelt, so dass für den Umstieg keine aufwendigen Schulungen notwendig sind.

Aus diesen Software Komponenten kann die Impuls-Schuh-AG nun ihre IT-Architektur aufbauen. Der Webauftritt könnte z.B. auf einer sog. LAMP Architektur (Linux-Apache-mySQL-PHP) aus OS Software basieren. Für den eMail Verkehr bietet sich sendmail unter Linux an. Ob der Umstieg auf OS Software im Endnutzerbereich sinnvoll ist, muss im Detail unter Berücksichtigung der zu erwartenden Migrationsaufwände (Schulung, Helpdesk etc.) evaluiert werden.

6 Kompatibilität von Informations- und Kommunikationstechnologien

Entscheidet sich die Impuls-Schuh-AG für den Einsatz von OS Software, stellt sich die Frage, wie sichergestellt werden kann, dass diese Softwarekomponenten mit der vorhandenen Hardware und Software, zukünftigen Softwarekomponenten und unternehmensexternen Systemen zusammenspielen. Entscheidend für dieses Zusammenspiel ist die Kompatibilität der Komponenten. Nur wenn diese miteinander „verträglich" sind, können sie zusammenarbeiten. Kompatibilität ist also Voraussetzung für Interoperabilität.

7.0 Wie wird Kompatibiltät gewährleistet?

Standards und Normen spielen eine entscheidende Rolle bei der Gewährleistung der Kompatibilität und Interoperabilität von Systemkomponenten. Standards sind Spezifikationen, die allgemeine Anerkennung und Verbreitung finden. Sie können sich entweder als de-Facto-Standard im Markt etablieren oder bewusst durch ein offizielles Gremium oder industrielles Konsortium als de-Jure Standard definiert werden. Normen müssen in einem öffentlichen Verfahren anerkannt werden. Dies trifft jedoch auch auf die meisten de-Jure Standards zu, so dass hier eine generelle Abgrenzung nur schwer möglich ist.

Die Definition von de-Facto Standards erfolgt durch den Markt, indem sich ein spezielles Produkt oder eine Leistung aufgrund ihres hohen Verbreitungsgrades als alleinige Option etabliert. Ein gutes Beispiel ist das Betriebssystem MS Windows im Desktop Bereich. De-Jure Standards und Normen werden hingegen in einem formalen Prozess definiert, in den möglichst viele tangierte Interessengruppen involviert werden, um eine breite Akzeptanz und Implementierungsbasis zu erreichen. Die Festlegung von DIN (Deutsches Institut für Normung) Normen erfolgt beispielsweise nach einem „planmäßigen, durch die interessierten Kreise"[20] begleiteten Verfahren. In einem der 83 Normenausschüsse mit insgesamt ca. 4200 Arbeitsausschüssen werden auf Anregung interessierter Kreise Normentwürfe erarbeitet. Wenn unter den Ausschussmitgliedern Einigkeit über einen Normentwurf herrscht, wird er öffentlich zur Diskussion gestellt. Nach einer erfolgreichen Beratungsphase wird der Entwurf offiziell freigegeben und damit zur DIN Norm. Alle fünf Jahre erfolgt eine Überprüfung der Norm. Ähnlich formalisiert ist der Standardisierungsprozess des World Wide Web Consortiums (W3C). Ein Mitglied erfasst einen Vorschlag für ein Standardisierungthema in Form einer Note, aus dem ein entsprechender Arbeitsausschuß einen Working Draft und letztendlich eine Candidate Recommendation entwickelt. Diese wird auf ihre Praxistauglichkeit geprüft und ggf. weiterentwickelt, um schließlich als Proposed Recommendation dem obersten Entscheidungsgremium des W3C, dem Advisory Committee, vorgelegt zu werden. Bei positiver Entscheidung wird die Empfehlung zum W3C Standard. Ähnlich formalisiert verläuft der Standardisierungsprozess der IETF (Internet Engineering Task Force). [21]

Aus diesen Beispielen lässt sich auch ableiten, dass Standards und Normen unterschiedliche geographische Ansprüche und Anwendungsbereiche besitzen. Während DIN Normen einen nationalen Charakter haben und mittlerweile nahezu alle Lebensbereiche betreffen, sind die Standards des W3C von globaler Reichweite, jedoch beschränkt auf Bereiche, die das Internet betreffen. Die Kompatibilität mit einem Standard oder einer Norm ist damit immer vor dem Hintergrund ihrer geographischen Reichweite und ihres Anwendungsbereichs zu sehen. Ein gutes Beispiel hierfür ist der elektronische Datenaustausch, der verschiedene Standards, oder besser Substandards für die unterschiedlichen Branchen, Anwendungsbereiche und Regionen hervorgebracht hat. So existieren etwa für den Handel und die Konsumgüterindustrie unterschiedliche Nachrichtentypen für den elektronischen Austausch diverser Belegtypen, die von jeweils nationalen (z.B. SEDAS Standard), regionalen (z.B. EANCOM Standards) oder internationalen Verbänden (z.B. OASIS Standards) definiert werden.

---

[20] vgl [DIN1994]
[21] vgl. [IETF2003]

Systeme und Schnittstellen, die auf Standards und / oder Normen beruhen, sind offene Systeme. Offen in dem Sinn, dass sie interoperabel und portabel sind. Dadurch wird die reibungslose Kommunikation und Integration von unterschiedlichen Systemkomponenten bei gleichzeitiger Reduktion der Koordinations- und Implementierungskosten erzielt. Dies betrifft sowohl unternehmensinterne Systeme, als mit zunehmender Priorität auch unternehmensexterne Systeme von Kunden, Lieferanten und Intermediären (Marktplätzen).

8.0 Standardisierungsorganisationen

Formale Prozesse der Standardisierung und Normung werden durch Standardisierungs- und Normungsorganisationen wie das DIN, das CEN (Comité Europeén de Normalisation) oder die ISO (International Organization for Standardization) durchgeführt. Für die Standardisierung im Internet sind insbesondere das bereits erwähnte W3C und die Internet Engineering Task Force (IETF) von Bedeutung.

Im 1994 gegründeten W3C haben sich die weltweit führenden Hard- und Softwareunternehmen zusammengeschlossen. Vom W3C erarbeitete De-Jure Standards werden deshalb von den meisten Unternehmen implementiert, so dass sie sich letztendlich auch zu de-Facto Standards im Markt entwickeln. Dementsprechend hat das W3C mittlerweile seine unangefochtene Führungsposition bei der Definition von Internet Standards manifestiert. Ziel des W3C ist, „das Web zu seiner vollen Entfaltung zu führen."[22] Konkret steckt hinter dieser etwas blumigen Beschreibung ein Standardisierungsauftrag, dessen Aktivitäten nahezu alle Bereiche des Internets abdecken.[23] Populäre W3C Standards sind z.B. das Document Object Model (DOM), XML und affine Technologien, HTML, Stylesheets, Grafikformate u.v.m.

Während die Mitgliedschaft im W3C nur Organisationen vorbehalten ist, können der IETF auch Einzelpersonen beitreten. Die IETF ist eine weltweite Organisation von Netzwerkarchitekten, Herstellern, Betreibern und Forschern, mit dem Ziel, die reibungslose Funktion des Internets sicherzustellen und dessen Architektur weiterzuentwickeln.[24]Dazu sind einzelne Arbeitsgruppen etabliert worden, die in den Bereichen General Area, Internet Area, Operations and Management Area, Routing Area, Security Area, Sub-IP Area und Transport Area zusammengefasst werden.[25]

---

[22] [W3C2003a]
[23] vgl. [W3C2003b]
[24] vgl. [IET2003a]
[25] vgl. [IET2003b]

Populäre Standards der IETF sind beispielsweise HTTP (Hypertext Transport Protocol) und FTP (File Transfer Protocol) oder der URL (Uniform Ressource Locator) Aufbau. Die ständig wachsende Anzahl von Arbeitsgruppen und Beteiligten werden über die einzelnen Bereiche durch die Internet Engineering Steering Group (IESG) koordiniert. Eine übergreifende Koordination bei Architekturfragen gewährleistet das Internet Architecture Board (IAB). Sowohl die IETF, als auch das IAB gehören der Internet Society (ISOC) an, einer internationalen Organisation zur globalen Koordination und Kooperation der Entwicklung des Internets. W3C und IETF arbeiten bei der Standardisierung eng zusammen, um eine möglichst breite Akzeptanzbasis sicherzustellen, wie am Beispiel der HTTP 1.1 Spezifikation ersichtlich ist.[26]

Neben dem W3C und der IETF, die letztendlich Grundlagenstandardisierung betreiben, existieren eine Reihe von Organisation und Interessengruppen, die auf einer anwendungsnäheren Ebene Standardisierungsaktivitäten unternehmen. Insbesondere die Definition und Implementierung von Standards für den elektronischen Austausch von Geschäftsdaten ist ein breites Betätigungsfeld für eine Vielzahl von Standardisierungsaktivitäten mit branchenspezifischen, regionalen und funktionsbezogenen Ausrichtungen, z.B. das UN / CEFACT (United Nations / Centre for Trade Facilitation and Electronic Business)[27] oder OASIS[28] (Organization for the Advancement of Structured Information Standards), einem Verbund zur Definition internationaler Standards im eBusiness, dem eine Reihe von weiteren Standardisierungsorganisationen, sowie 28 führende Technologieunternehmen angehören.

9.0 Praktische Bedeutung für die Impuls-Schuh-AG

Um eine möglichst reibungslose und effiziente Integration neuer Softwarekomponenten ineinander und in die bestehende IT-Landschaft zu gewährleisten, muss die Impuls-Schuh-AG während des Entscheidungsprozesses berücksichtigen, dass nur OS Software eingesetzt wird, die weitreichenden Standards und Normen entspricht. Entscheidet sich die Impuls-Schuh-AG etwa, eine Webapplikation (z.B. Webshop) zu entwickeln, muss sichergestellt werden, dass das entsprechende Betriebssystem mit der zur Verfügung stehenden Hardware und den weiteren Softwarekomponenten kompatibel ist. Die bereits angesprochene LAMP Architektur muss dementspre-

---

[26] vgl. [W3C2003c]
[27] http://www.unece.org/cefact/
[28] http://www.oasis-open.org/

15

chend so gewählt werden, dass die Einzelkomponenten aus Apache Webserver, mySQL Datenbank und PHP Interpreter mit dem Betriebssystem Linux kompatibel sind. Sowohl die Kompatibilität der aktuellen Hardware, als auch der Software sind heute in der Regel unproblematisch. Eine nicht mit gängigen Standards kompatible Hard- oder Softwarekomponente hätte am Markt nicht die geringste Chance, so dass entsprechende Produkte so gut wie nicht angeboten werden.

Aufmerksam muss die Impuls-Schuh-AG sein, wenn es um die Integration der neuen Komponenten in eine bestehende Architektur geht. Da gerade bei eCommerce Anwendungen eine Integration mit bestehenden Backend Systemen zweckmäßig, wenn nicht sogar unerlässlich ist, stellt sich die Frage, wie sichergestellt werden kann, dass Web- und Backendanwendung miteinander kommunizieren können. Im Fall der Impuls-Schuh-AG handelt es sich um ein SAP R/3 Backend, das (glücklicherweise) über eine große Anzahl von Kommunikationsschnittstellen verfügt, die teilweise proprietären Standards (Intermediate Documents: IDOCs) aber auch nahezu alle herstellerunabhängigen Standards, wie XML oder HTTP unterstützt. Die Kommunikation zwischen Webshop und Backend könnte über XML erfolgen. Der Webshop liest z.B. eine Bestellinformation durch ein PHP Skript aus dem Webformular aus und erzeugt eine XML Nachricht, die er über HTTP an den (ab SAP R/3 Rel. 4.7 integrierten) WebApplicationServer des Backends sendet. Über eine XML Schnittstelle auf Basis der SAP iXML Klassen (ab SAP R/3 Rel. 4.6c) wird die Nachricht verarbeitet. Das SAP R/3 Backend erzeugt dann wiederum eine XML Nachricht und sendet sie über den WebApplicationServer an den Webshop.

Diese unternehmensinterne Kommunikation nutzt die Kommunikationsstandards HTTP und XML. Über die Semantik und Struktur der Kommunikation sagt diese Festlegung jedoch nichts aus. Gerade diese ist aber bei der unternehmensübergreifenden Kommunikation von entscheidender Bedeutung. Um mit externen Partnern elektronischen Datenaustausch betreiben zu können, muss die Struktur der Information einer gemeinsamen Konvention folgen. So haben sich teilweise schon zur Hochzeit der klassischen 1:1 Kommunikation im EDI (Electronic Data Interchange) Kommunikationsstandards durchgesetzt, die noch heute gültig sind. Die Impuls-Schuh-AG sollte bei der Auswahl und Implementierung auch darauf achten, Nachrichtenformate für den Datenaustausch zu verwenden, die je nach geographischer Ausrichtung zumindest nationalen, besser aber internationalen Standards entsprechen, z.B. dem branchenneutralen Standard EDIFACT (Electronic Document Interchange for Administration, Commerce and Transport), dem branchenspezifischen, europäischen EDIFACT Substandard für den Handel, EANCOM (European Article Number for Commerce) oder für die wohl ebenfalls relevante Konsumgüterindustrie SEDAS (Standardregelung Einheitlicher Daten-Austausch-Systeme). Diese Standards beinhalten sog. Document Type Definitions (DTD), die Semantik und Struktur von elektronischen Nachrichten definieren. Im Handel weit verbreitete EANCOM DTDs sind beispielsweise ORDERS (Nachrichten-format für Bestellungen) und INVOIC (für Rechnungen). Idealerweise sollte die Impuls-Schuh-AG schon bei der unternehmensinternen Kommunikation auf solche Standards setzen. Wird z.b. bei der Kommunikation von Bestelldaten vom Webshop an das SAP R/3 Backend das in Europa stark verbreitete[29] EANCOM Format ORDERS verwendet, kann die entsprechende Backendschnittstelle auch zur Verarbeitung von EANCOM Großhändlerbestellungen herangezogen werden.

10 Zusammenfassung

Wie in der Fallstudie dargestellt wurde, bietet sich der Einsatz von OS Software bei der Impuls-Schuh-AG für die verschiedensten Bereiche an. Bedenken hinsichtlich der qualitativen Eignung sind gerade bei den bekannten OS Projekten nicht zu verargumentieren, da der den OS Projekten eigene Entwicklungsprozess (Basar-Modell) eine hohe Qualität der Software gewährleistet. Gerade der Einsatz erprobter Architekturen (z.B. LAMP) ist für die Impuls-Schuh-AG eine kostengünstige Alternative zu kommerziellen Produkten. Ob sich der Einsatz von OS Software im Enduserbereich empfiehlt, ist fraglich. Im Rahmen einer Kostenvergleichsrechnung müssen die Einsparungen, wie z.B. Lizenzkosten, den zu erwarteten Migrati-onskosten einschließlich Endbenutzerschulung gegenüber gestellt werden.

Weiterhin zu beachten sind bei der Auswahl von OS Produkten die dargestellten Lizenzbedingungen. Will die Impuls-Schuh-AG die Software nicht kommerziell vermarkten, ist die Lizenzfrage i.d.R. unkritisch. Eine Alternative könnte auch der Einsatz von Public Domain Software sein, die keinen Lizenzeinschränkungen unterliegt.

Schon im Vorfeld muss darüber hinaus klar sein, wie die neuen Softwarekomponen-ten im Rahmen eines Bebauungsplans in die existierende Hard- und Softwareland-schaft integriert werden und wie sie miteinander kommunizieren sollen. Hier spielen die erwähnten Standards und Normen eine maßgebliche Rolle. Wie dargestellt

---

[29] vgl. [Berle2003]

wurde, spielen neben den technischen Standards, wie XML oder HTTP, gerade bei der unternehmensübergreifenden Kommunikation Dokumentenstandards, wie SEDAS oder EANCOM, eine herausragende Rolle. Die Impuls-Schuh-AG sollte deshalb frühzeitig die für sie in geographischer und branchenspezifischer Sicht relevanten Standards identifizieren und implementieren, um die Kompatibilität mit unternehmensexternen Partnern sicherzustellen. Kompatibilität und Standardisierung werden so zu einem strategischen Wettbewerbsfaktor, der über die Kooperationsfähigkeit eines Unternehmens entscheidet.[30]

---

[30] vgl. [FaBe1994]

Literatur

[Baue2003]	Frank Bauer: Open Source - 3. Open Source Software-Projekte. http://www.opentheory.org/os_kap3/text.phtml Abruf am 2003-11-22.
[Berle2003]	Berlecon Research GmbH: E-Business Standards in Deutschland. Berlecon Research GmbH. Berlin 2003.
[CIO2003]	CIO.com: Your Open Source Plan. http://www.cio.com/archive/031503/opensource.html Abruf am 2003-11-22.
[DIN1994]	Deutsches Institut für Normung: „DIN 820 Normungsarbeit". Deutsches Institut für Normung, Berlin 1994.
[FaBe1994]	Farrell, Joseph; Besen, Stanley: Choosing How to Compete: Strategies and Tactics in Standardization. In: Journal of Economic Perspectives, Volume 8/1994, Seite 117-310.
[IET2003]	IETF: The Internet Standards Process -- Revision 3. http://www.rfc-editor.org/overview.html' Abruf am 2003-11-22.
[IET2003a]	IETF: Overview of the IETF. http://www.ietf.org/overview.html Abruf am 2003-11-22.
[IET2003a]	IETF: Active IETF Working Groups. http://www.ietf.org/html.charters/wg-dir.html Abruf am 2003-11-22.
[Krem2002]	Krempl, Stefan: Von Linux lernen - Microsoft läutet Shared Source 2.0 ein, Interview mit Jason Matusow (Microsoft). c't 23/02, S. 60ff.
[MSSS2003]	Microsoft Corporation: Shared Source Initiative. http://www.microsoft.com/resources/sharedsource/default.mspx Abruf am 2003-11-22.
[OSD1997]	Perens, Bruce: The Open Source Definition.1997. http://www.opensource.org/docs/definition.php Abruf am 2003-11-22.
[OSD2003a]	Open Source Initiative: History of the OSI. http://www.opensource.org/docs/history.php Abruf am 2003-11-22.
[OSD2003b]	Open Source Initiative: The Approved Licenses. http://www.opensource.org/licenses/index.php Abruf am 2003-11-22.
[OSD2003c]	Open Source Initiative: Halloween Document I (Version 1.14). http://www.opensource.org/halloween/halloween1.php Abruf am 2003-11-22.
[OSD2003d]	Open Source Initiative: The GNU General Public License (GPL). http://www.opensource.org/licenses/gpl-license.php Abruf am 2003-11-22.
[OSD2003e]	Open Source Initiative: GNU Lesser General Public License. http://www.opensource.org/licenses/lgpl-license.php Abruf am 2003-11-22.
[OSD2003f]	Open Source Initiative: The BSD License. http://www.opensource.org/licenses/bsd-license.php Abruf am 2003-11-22.
[Raym1999]	Eric S. Raymond: The cathedral and the bazaar : musings on Linux and open source by an accidental revolutionary. O'Reilly, Köln 1999.
[Raym2000]	Eric S. Raymond: The Cathedral and the Bazaar. http://www.catb.org/~esr/writings/cathedral-bazaar/cathedral-bazaar/ Abruf am 2003-11-22.

[Stah2002]	Stahlknecht, Peter; Hasenkamp, Ulrich: Einführung in die Wirtschaftsinformatik. Springer, Berlin 2002.
[W3C2003a]	W3C: Das World Wide Web Consortium (W3C). http://www.w3.org/Consortium/Offices/Germany/sieben.html Abruf am 2003-11-22.
[W3C2003b]	W3C: W3C Activities. http://www.w3.org/Consortium/Activities Abruf am 2003-11-22.
[W3C2003c]	W3C: Das World Wide Web Consortium unterstützt HTTP/1.1 als IETF-Normentwurf http://www.w3.org/Consortium/Offices/Germany/HTTP-PressRelease.html.de Abruf am 2003-11-22.

Anhang 1: Open Source Ressourcen

Linux:
http://www.linux.org
http://www.mandrake.com
http://www.suse.de
http://www.redhat.com

Apache
http://www.apache.org

JBoss
http://www.jboss.org

Apache Tomcat
http://jakarta.apache.org/tomcat/

Sendmail
http://www.sendmail.org

mySQL
http://www.mysql.com/

Postgre
http://www.de.postgresql.org/

SAP DB[31]
http://www.sap.com/solutions/technology/sapdb

KDesktop
http://www.kde.org/

KOffice
http://www.koffice.org/

OpenOffice
http://www.openoffice.org

Mozialla
http://www.mozilla.org

---

[31] Keine OS Software!

Anhang 2: Anforderungen an Open Source Software

Folgende Anforderungen werden von der Open Source Initiative an OS Software gestellt:[32]

- **Free Redistribution:** Die Software muss (kosten)frei weitergegeben werden können.

- **Source Code:** Der Source Code muss öffentlich zugänglich sein.

- **Derived Works:** Modifikationen und Weiterenwicklungen der Software und deren Verbreitung unter den selben Lizenzbedingungen müssen erlaubt sein.

- **Integrity of The Author's Source Code:** Die Modifikation der ursprünglichen Software kann nur untersagt werden, wenn die Verbreitung von so genannten Patch Files, die lediglich die Unterschiede zwischen zwei Softwareversionen beinhalten, erlaubt ist.

- **No Discrimination Against Persons or Groups:** Um eine Verbreitung und Weiterentwicklung zu beschleunigen, darf niemand von der Mitarbeit im Open Source Projekt ausgeschlossen werden.

- **No Discrimination Against Fields of Endeavor:** Der Einsatz der Software darf keinen Beschränkungen unterliegen. So soll insbesondere die Nutzung im kommerziellen Umfeld gefördert werden.

- **Distribution of License:** Die Weitergabe der Software und ihrer Derivate unterliegt gleichbleibenden Lizenzbedingungen. Insbesondere Zusätze zu den ursprünglichen Lizenzbedingungen sind ausdrücklich untersagt.

- **License Must Not Be Specific to a Product:** Nutzungsrechte der Software dürfen nicht an eine bestimmte Softwaredistribution (Package) gebunden sein.

- **License Must Not Restrict Other Software:** Die Lizenzbedingungen der Open Source Software dürfen keine Einschränkungen bezüglich anderer, im Rahmen der Softwaredistribution mitgelieferten Softwarekomponenten beinhalten.

- **The License must be technology-neutral:** Die Nutzungslizenz der Software darf keine Einschränkungen bezüglich der zu verwendeten Technologien, Schnittstellen und Distributionswege beinhalten.

---

[32] vgl. [OSD1997]